मन की हार, ज़िंदगी की जीत

एक सफर खुद से खुद तक

लेखक-धीरेन्द्र सिंह बिष्ट

हार से बड़ा कोई शिक्षक नहीं होता, बस उसे समझने की नज़र चाहिए।

Contents

लेखक की ओर से

प्रिय पाठकों,

"मन की हार, ज़िंदगी की जीत" मेरे लेखकीय जीवन का वह अध्याय है जो दिल से निकला और सीधे आत्मा तक पहुँचना चाहता है। यह कोई मनोवैज्ञानिक शोध नहीं, बल्कि जीवन के उन अनुभवों का दस्तावेज़ है जिन्हें हम सबने कभी न कभी जिया है—डर, असफलता, आत्म-संदेह, थकान और फिर भी भीतर से उठने की एक चुप पुकार।

मैंने यह पुस्तक तब लिखनी शुरू की जब मुझे खुद यह समझ आने लगा कि ज़िंदगी में सबसे बड़ी लड़ाई बाहर की नहीं, हमारे मन के भीतर लड़ी जाती है। हम हर दिन खुद से जूझते हैं—कभी उम्मीदों के बोझ से, कभी समाज की अपेक्षाओं से, और कभी उस डर से जो हमारी ही सोच से जन्म लेता है।

यह किताब उसी भीतरी यात्रा की पड़ताल है। इसमें न कोई प्रवचन है, न कोई आदर्श उपदेश। बस कुछ अनुभव हैं, कुछ कहानियाँ हैं, और बहुत सारे सवाल हैं जो शायद आपके मन में भी कभी उठे हों।

हर अध्याय आपको खुद से एक कदम और करीब लाने के लिए लिखा गया है। इसमें आप पाएँगे—अपने मन की उलझनें, डर की

जड़ें, आत्मविश्वास की कमी, ख्वाहिशों की बुझती लौ और फिर... फिर वह आग जो हर बार बुझने के बाद भी भीतर से उठती है।

अगर इस पुस्तक का एक भी विचार, एक भी पंक्ति, आपको सोचने पर मजबूर करे... या अपने मन की हार को पहचानकर उसे जीत में बदलने की प्रेरणा दे, तो मैं मानूँगा कि मेरा लेखन सफल हुआ।

यह पुस्तक हर उस व्यक्ति के लिए है जो टूटा है, लेकिन झुका नहीं... जो डरा है, लेकिन फिर भी चला है... और जो जानता है कि जीतने से पहले सबसे ज़रूरी है—खुद से हारना बंद करना।

सादर,

धीरेंद्र सिंह बिष्ट

लेखक – मन की हार, ज़िंदगी की जीत

भूमिका

हर इंसान की ज़िंदगी में एक ऐसा मोड़ आता है, जहाँ उसे लगता है कि अब आगे कुछ नहीं बचा। न रास्ता दिखता है, न हौसला बचता है। यही वह क्षण होता है जब हम हार मान लेते हैं—लेकिन ये हार बाहर की नहीं होती, यह हार **मन की होती है।**

"मन की हार, ज़िंदगी की जीत" उस यात्रा का लेखाजोखा है, जो भीतर से शुरू होती है और भीतर तक ही जाती है। यह किताब कोई समाधान देने वाली 'सेल्फ-हेल्प गाइड' नहीं है, बल्कि यह एक साथी है—जो आपको खुद से बात करना सिखाती है।

इस पुस्तक में वो सब कुछ है जो हम जीवन में महसूस करते हैं—डर, असफलता, उम्मीदें, ख्वाहिशें, आत्म-संवाद, और सबसे ज़रूरी, **फिर से खड़े होने का साहस।** हर अध्याय एक दर्पण है, जिसमें आप अपने ही विचारों और संघर्षों को साफ़ देख पाएँगे।

मेरे लिए यह पुस्तक लिखना आत्म-अन्वेषण का एक अनुभव रहा। कई बार मैंने खुद को इन पन्नों में खोया और फिर पाया। मुझे महसूस हुआ कि ज़िंदगी की सबसे बड़ी लड़ाइयाँ बाहरी नहीं, भीतरी होती हैं। हम दूसरों से नहीं, बल्कि अपने मन के संदेहों से हारते हैं।

भूमिका

यह किताब हर उस इंसान के लिए है—

- जो थक चुका है लेकिन रुकना नहीं चाहता,

- जो डरता है लेकिन आगे बढ़ना भी चाहता है,

- और जो अपनी ज़िंदगी को एक नई दिशा देना चाहता है ।

आप इस पुस्तक में पाएँगे—

विचार, अनुभव, सच्ची कहानियाँ और छोटे-छोटे अभ्यास जो आपको यह समझने में मदद करेंगे कि **मन को हराए बिना ज़िंदगी को नहीं जीता जा सकता ।**

अगर यह पुस्तक आपके मन की किसी गहराई में हलचल पैदा कर दे, अगर यह आपको फिर से खड़े होने की प्रेरणा दे—तो यही इस पुस्तक की सबसे बड़ी उपलब्धि होगी ।

सप्रेम,

धीरेंद्र सिंह बिष्ट

लेखक – मन की हार, ज़िंदगी की जीत

आभार प्रदर्शन

हर पुस्तक केवल लेखक की देन नहीं होती, उसमें कई अनदेखे हाथ, अनसुने शब्द और अदृश्य सहयोग शामिल होते हैं। "मन की हार, ज़िंदगी की जीत" लिखना मेरे लिए सिर्फ एक लेखन प्रक्रिया नहीं, बल्कि एक आत्मिक यात्रा थी—जिसगें कई लोगों की प्रेरणा, समर्थन और मौन उपस्थिति शामिल रही।

सबसे पहले, मैं अपने माता-पिता का हृदय से आभारी हूँ, जिनकी शिक्षाओं और संस्कारों ने मुझे वह दृष्टि दी जिससे मैं जीवन को गहराई से देख और समझ सका। उनकी निःशब्द प्रेरणा हमेशा मेरे लेखन की आत्मा रही है।

मैं उन सभी पाठकों को धन्यवाद देना चाहता हूँ जिन्होंने मेरी पहली किताब "अग्निपथ" को अपना स्नेह और समर्थन दिया। उन्हीं की प्रतिक्रियाओं, सवालों और विश्वास ने मुझे इस पुस्तक को लिखने का साहस दिया।

मेरे मित्रों, सहकर्मियों और आत्मीयजनों का भी विशेष आभार—जिन्होंने मेरी सोच को स्वीकारा, मेरी उलझनों को सुना और मेरे हर प्रयास में साथ खड़े रहे। आपके विश्वास ने मेरी लेखनी को आकार दिया।

इस यात्रा में Notion Press की पूरी टीम का योगदान भी उल्लेखनीय रहा। उन्होंने न केवल इस पुस्तक को एक सुंदर रूप देने में सहयोग किया, बल्कि मुझे हर चरण पर मार्गदर्शन और तकनीकी सहायता प्रदान की।

मैं उन तमाम अनजान चेहरों, कहानियों और परिस्थितियों का भी आभार मानता हूँ, जिनसे मैंने जीवन की सच्चाइयों को महसूस किया और शब्दों में ढाला। ये अनुभव ही इस पुस्तक के मूल स्तंभ हैं।

और अंत में, आप—हाँ, आप, जो इस पुस्तक को पढ़ रहे हैं। आपका मन शायद थका हुआ हो, लेकिन उम्मीद अभी बाकी है। यदि यह पुस्तक आपको एक क्षण के लिए भी रुककर सोचने पर मजबूर करे, या भीतर से थोड़ा और मजबूत बना दे—तो मेरा यह प्रयास सार्थक मानूँगा।

आपका,

धीरेंद्र सिंह बिष्ट

लेखक – मन की हार, ज़िंदगी की जीत

प्रस्तावना

ज़िंदगी की सबसे बड़ी लड़ाई कहाँ लड़ी जाती है?

बाहर की दुनिया में नहीं...

बल्कि हमारे भीतर—हमारे **मन** में।

हममें से अधिकांश लोग हारते हैं, लेकिन हार की शुरुआत मैदान से नहीं, **विचारों से होती है।** हम डरने लगते हैं, रुक जाते हैं, संकोच करते हैं—और एक समय के बाद, मान लेते हैं कि शायद हममें कुछ कमी है। लेकिन क्या सच में ऐसा है?

"मन की हार, ज़िंदगी की जीत" इसी सवाल से जन्मी एक कोशिश है—अपने भीतर झाँकने की, खुद को समझने की, और फिर उस आवाज़ को बुलंद करने की जो कहती है, "तू कर सकता है। उठ। चल।"

यह किताब केवल सकारात्मकता की बातें करने के लिए नहीं लिखी गई है, बल्कि यह उन लोगों के लिए है जो टूटे हैं, थके हैं, डरे हैं... लेकिन फिर भी किसी कोने में **फिर से खड़े होने की चाह** बाकी है। हर अध्याय आपको उस यात्रा पर ले जाता है जहाँ आप अपने डर को पहचानते हैं, अपनी असफलताओं से सीखते हैं, और धीरे-धीरे अपने ही मन को जीतना शुरू करते हैं।

यह पुस्तक किसी आदर्शवादी कल्पना से नहीं बनी, बल्कि यह जीवन के सच्चे अनुभवों, असली संघर्षों और उन भावनात्मक पलों से निकली है जहाँ इंसान खुद से आँखें चुराता है। यहाँ न कोई 'गुरु' है, न कोई 'फॉर्मूला'—बस एक साथी है जो आपके साथ बैठकर बात करता है, सवाल करता है, और फिर साथ चलने को कहता है।

अगर आप उस मोड़ पर हैं जहाँ आपको लगता है कि अब कुछ नहीं हो सकता—तो रुकिए।

शायद यही वह मोड़ है जहाँ से सब कुछ बदल सकता है।

क्योंकि...

"जब मन मान ले कि हार ही अंतिम सत्य है,

तभी जीवन की सबसे बड़ी झूठी कहानी बनती है।

और जब मन कहे—मैं फिर उठूँगा,

तभी शुरू होती है... असली जीत की कहानी।"

– धीरेंद्र सिंह बिष्ट

लेखक – मन की हार, ज़िंदगी की जीत

1. मन की उलझनें: खुद से खुद की लड़ाई

इंसान का मन शायद सबसे रहस्यमयी चीज़ों में से एक है। यह कल्पना करता है, डरता है, सोचता है, सवाल करता है और कई बार ख़ुद ही अपने जाल में फँस जाता है।

मन एक ऐसा साथी है जो कभी तुम्हें आसमान तक उड़ाता है और कभी ज़मीन पर गिरा देता है — और सबसे हैरानी की बात यह है कि दोनों ही बार वह तुम्हारा ही होता है।

आपने अक्सर सुना होगा — "सब कुछ मन का खेल है।" लेकिन क्या यह केवल एक कहावत है या इसमें कोई गहरी सच्चाई है?

असल में, जब कोई मुश्किल सामने आती है, तो दिमाग़ सबसे पहले रिस्क को जज करता है। वह सोचता है — "अगर मैं असफल हुआ तो क्या होगा?" और इस सोच की गहराई में उतरते ही मन डर की दिशा में चल पड़ता है।

डर को महसूस करना एक स्वाभाविक प्रक्रिया है, लेकिन उसे अपने ऊपर हावी कर लेना, यही वो मोड़ है जहाँ से हम हार मानने लगते हैं।

मन का Default Mode – Safety

इंसान का मस्तिष्क विकास के दौरान लाखों सालों से एक चीज़ के लिए सबसे ज़्यादा ट्यून किया गया है — सर्वाइवल, यानी बचाव।

अगर खतरा दिखे, तो भागो। अगर अनजान चीज़ दिखे, तो रुक जाओ। अगर दर्द की संभावना हो, तो कोशिश मत करो।

तो जब हम कोई नया काम शुरू करते हैं —

एक बिजनेस आइडिया, कोई सपना, कोई बड़ा लक्ष्य — तो मन सबसे पहले यह देखता है कि इसमें रिस्क कितना है।

और जैसे ही वह थोड़ा भी खतरा महसूस करता है (जैसे – लोग क्या कहेंगे, मैं फेल हो गया तो क्या होगा), वह रुकने का इशारा देता है। यह इशारा अकसर बहुत subtle होता है — जैसे कि

"आज नहीं, कल करते हैं", या "शायद ये मेरे बस की बात नहीं", या फिर "मैं इसके लिए बना ही नहीं हूँ।"

यहीं पर इंसान का मन सेक्सटिव (Sensitive) हो जाता है। वह थोड़ी सी भी असुरक्षा को बर्दाश्त नहीं कर पाता, और धीरे-धीरे वह खुद को हराने लगता है — बिना लड़े, बिना प्रयास किए।

एक सवाल: क्या मन हमारा दुश्मन है?

नहीं। मन हमारा दुश्मन नहीं है, लेकिन वह बिना ट्रेनिंग के एक बच्चा ज़रूर है। और जैसे हर बच्चे को समझाया जाता है, सिखाया जाता है, वैसे ही मन को भी समझाना पड़ता है कि "हर रिस्क जानलेवा नहीं होता",

"हर डर सच्चा नहीं होता", और "हर असफलता का मतलब हार नहीं होता।"

अगर आप अपने मन को यह सिखा दें कि डर को देखना चाहिए, पर डर कर रुकना नहीं चाहिए, तो आप उसे अपने सबसे बड़े दुश्मन से सबसे बड़े साथी में बदल सकते हैं।

मन की उलझनें: खुद से खुद की लड़ाई

कभी आपने गौर किया है कि जब भी आप कोई बड़ा कदम उठाने की सोचते हैं,

तो दो आवाज़ें आपके अंदर से आती हैं?

एक कहती है, "हाँ, कर सकते हैं! क्या पता यही मौका हो!"

और दूसरी कहती है,

"नहीं, अगर फेल हो गए तो क्या होगा?"

यह दो आवाज़ें किसी और की नहीं हैं, ये दोनों आप ही के अंदर हैं।

फर्क बस इतना है कि आप किसे सुनते हैं — डर को, या उम्मीद को?

मन की उलझनें तभी पैदा होती हैं जब हम दोनों आवाज़ों के बीच फँस जाते हैं। और यही उलझन हमारी ऊर्जा को खा जाती है।

***

अध्याय 2: डर क्यों आता है? – हार और सफलता की छाया

डर एक ऐसी भावना है जो हमें हर मोड़ पर रोकने की कोशिश करती है — कभी अपने भविष्य को लेकर, कभी अपने फैसलों को लेकर, और सबसे ज़्यादा, असफलता को लेकर।

पर असल सवाल ये है:

हम डरते क्यों हैं?

और फिर उससे भी बड़ा सवाल: हम डर से हार क्यों मान लेते हैं?

डर – एक स्वाभाविक भावना

सबसे पहले ये समझना ज़रूरी है कि डर का होना बुरा नहीं है। डर एक बेहद जरूरी भावना है,

जो हमें सुरक्षित रखने के लिए हमारे दिमाग़ में जन्मी है।

जब कोई इंसान जंगल में शिकार करता था, तो डर उसे सतर्क करता था — कहीं शेर न आ जाए, कहीं गिर न जाए, कहीं ज़हर न खा ले।

यानी डर का काम था: हमें बचाना। पर समय बदला।

अब हम जंगल में नहीं रहते, लेकिन डर आज भी हमारे अंदर उसी ताक़त से बैठा है।

फर्क बस इतना है कि अब शेर की जगह समाज की बातें, गिरने की जगह असफलता, और ज़हर की जगह हमारी अपनी सोच ने ले ली है।

डर का सबसे बड़ा रूप – असफलता का डर

हम में से ज़्यादातर लोग कुछ बड़ा करने से इसलिए कतराते हैं क्योंकि हमें लगता है कि "अगर हम फेल हो गए, तो लोग क्या कहेंगे?"

या फिर

"अगर हम फेल हो गए, तो हम खुद को कैसे देख पाएंगे?"

इस डर की जड़ में होती है — हमारी पहचान। हमने अपने-आप को एक ख़ास नज़रिया दे रखा है — "मैं वही हूँ जो सफल हूँ।"

और अगर एक बार हम असफल हुए, तो वो पहचान जैसे टूटने लगती है।

पर सच तो ये है कि असफलता सिर्फ़ एक अनुभव है, न कि आपकी पहचान।

आप किसी एक असफल कोशिश से नाकाम नहीं हो जाते — बल्कि आप उसमें कुछ सीखने वाले बन जाते हैं।

डर को कैसे समझें?

आपके अंदर जब भी डर आए, तो उसे दबाने या नज़रअंदाज़ करने की बजाय उससे बात करें।

डर से पूछिएः

तू क्यों आया है?

तू क्या दिखा रहा है?

क्या मेरा डर वाजिब है या बस मेरे मन की कल्पना?

जैसे ही आप डर से बात करना शुरू करते हैं, वह छोटा होने लगता है। और फिर, आप समझते हैं कि डर को हराना नहीं, बल्कि समझना ज़रूरी है।

असफलता – एक सीढ़ी, दीवार नहीं

बहुत से लोग मानते हैं कि असफलता एक ऐसी चीज़ है जो अंत है। लेकिन हकीकत यह है कि असफलता एक pause है, full stop नहीं।

असफलता उस सीढ़ी की पहली पायदान है जिस पर चढ़कर आप सफलता की ऊँचाइयों तक पहुँच सकते हैं।

हर महान व्यक्ति की कहानी में एक चीज़ समान होती है — वो असफल हुए हैं, लेकिन रुके नहीं।

उन्होंने डर को सुना, मगर उस पर चलना नहीं चुना।

***

अध्याय 3: हमारे समाज की Conditioning

हम पैदा होते हैं एक खुली किताब की तरह — न कोई डर, न कोई सोच, न कोई सीमा।

लेकिन जैसे-जैसे हम बड़े होते हैं, हमारे आसपास का समाज, परिवार, शिक्षक, रिश्तेदार, दोस्त –

सब हमें बताने लगते हैं कि क्या सही है, क्या गलत है, किससे डरना है, किससे उम्मीद रखनी है, और किस हद तक सपने देखने चाहिए।

यह प्रक्रिया धीरे-धीरे हमारे दिमाग़ की "प्रोग्रामिंग" बन जाती है। इसे ही कहते हैं conditioning — एक ऐसी मानसिक स्थिति जिसमें हम खुद की सोच से ज़्यादा समाज की सोच से प्रभावित हो जाते हैं।

"ये तुम्हारे बस की बात नहीं है"

ये एक वाक्य है जो कई सपनों की मौत का कारण बन चुका है।

जब कोई बच्चा कहता है, **"मैं वैज्ञानिक बनना चाहता हूँ,"** तो कई बार जवाब आता है,

"अरे बेटा, हमारे यहाँ कौन scientist बन पाया है?"

या जब कोई कहता है, "मैं बिजनेस करना चाहता हूँ,"

तो जवाब होता है, "बिजनेस में बहुत रिस्क है, नौकरी कर लो।"

समाज ने हमें सुरक्षा का भ्रम दिया है।

और सबसे बड़ा धोखा यह होता है कि हम अपनी औकात उसी के हिसाब से तय करने लगते हैं।

हमें डर लगना सिखाया गया है

कभी-कभी डर हमारे अंदर से नहीं आता, उसे सिखाया जाता है।

"फेल मत होना, वरना लोग क्या कहेंगे।"
"अगर नौकरी नहीं मिली तो ज़िंदगी बर्बाद हो जाएगी।"
"अगर सपनों के पीछे भागे तो घर कैसे चलेगा?"

ये बातें पीढ़ी दर पीढ़ी चलती आ रही हैं। एक माँ-बाप अपने बच्चे को वही डर सिखाते हैं जो कभी उन्हें उनके माँ-बाप ने सिखाया था।

और इस तरह हम सब dreamers नहीं, followers बन जाते हैं।

Conditioning तोड़ी जा सकती है

खुशखबरी ये है कि यह conditioning स्थायी नहीं है।

अगर यह सिखाई गई है, तो इसे अनसीखा भी जा सकता है।

जब आप अपने डर को पहचानते हैं, उसकी जड़ तक जाते हैं, और पूछते हैं — "क्या यह डर मेरा है या समाज का?" — तब आप आज़ाद होने लगते हैं।

हर बार जब आप कुछ अलग करने की सोचते हैं, और आपके मन में यह आता है कि "लोग क्या कहेंगे?" — तो रुकिए, और खुद से पूछिए:

"अगर मैं सफल हो गया, तो लोग क्या कहेंगे?"

क्योंकि समाज वही है जो आज किसी को पागल कहता है और कल उसे ही "महान" बना देता है।

***

अध्याय 4: कोशिश का महत्व

कहते हैं — कोशिश करने वालों की कभी हार नहीं होती।

लेकिन क्या आपने कभी सोचा है कि ये पंक्ति इतनी शक्तिशाली क्यों है?

इसलिए क्योंकि कोशिश ही वो सेतु है जो एक सपने को हकीकत से जोड़ता है।

चाहे रास्ता कितना भी लंबा हो, कठिन हो, या धुंधला — अगर आप चलना नहीं छोड़ते,

तो एक दिन मंज़िल ज़रूर नज़र आने लगती है।

कोशिश = विश्वास + निरंतरता

कोशिश महज़ एक काम करने की प्रक्रिया नहीं है — ये अपने आप पर विश्वास का परिणाम है।

जब आप कोशिश करते हैं, तो आप अपने डर को जवाब दे रहे होते हैं, और यह कह रहे होते हैं

“शायद मैं आज नहीं जीता, पर मैं रुका नहीं।”

और यही सबसे बड़ा फर्क है हारने वालों और जीतने वालों में

हारने वाले रुक जाते हैं, और जीतने वाले सीखते हुए आगे बढ़ते हैं।

सफलता के बीज, असफलताओं की ज़मीन में ही बोए जाते हैं

हर कोशिश आपको या तो एक कदम आगे ले जाती है, या एक सबक दे जाती है।

दोनों ही सूरतों में आप आगे बढ़ते हैं।

कोशिश करने वाला इंसान हर बार जीतने के इरादे से नहीं चलता — वह सीखने के इरादे से चलता है।

और यही सोच उसे बाकी दुनिया से अलग करती है।

उसे फर्क नहीं पड़ता कि लोग क्या कहेंगे।

उसे फर्क नहीं पड़ता कि वो कितनी बार गिरा है।

उसे सिर्फ़ इस बात से फर्क पड़ता है कि — "क्या मैं आज भी कोशिश कर रहा हूँ?"

कोशिश का एक नियम: दिन बुरे हो सकते हैं, इंसान नहीं

हो सकता है कभी ऐसा दिन आए जब आपको लगे कि अब नहीं हो पाएगा।

कि सब बेकार जा रहा है।

कि कोशिशों का कोई मतलब नहीं रहा।

पर रुकिए।

ऐसे दिन बस रुकने के लिए नहीं, सोच बदलने के लिए आते हैं।

एक उदाहरण लीजिए —

कोई किसान जब बीज बोता है, तो वह जानता है कि वो बीज एक दिन में फल नहीं देगा।

उसे पानी देना पड़ेगा, धूप सहनी होगी, इंतज़ार करना पड़ेगा।

लेकिन अगर वो बीच में खुदाई कर दे यह देखने के लिए कि "बीज बड़ा हो रहा है या नहीं", तो वो उसे खुद ही मार देगा।

ठीक वैसे ही, आपकी कोशिशों को भी समय, धैर्य और निरंतरता चाहिए।

हर रोज़ थोड़ा-थोड़ा करने से बड़ा फर्क बनता है।

कहते हैं

कोशिश करने वालों की कभी हार नहीं होती ...

***

अध्याय 5: कहानियाँ उन लोगों की जो नहीं रुके

दुनिया में जितने भी महान लोग हुए हैं — वे एक बात में समान थे: उन्होंने हार को आख़िरी नहीं माना।

वो लोग जो एक बार गिरकर रुक जाते हैं,

उनका नाम इतिहास में कहीं नहीं होता। लेकिन जो हर बार गिरकर उठते हैं, उन्हें दुनिया याद रखती है।

आज हम कुछ ऐसे ही लोगों की असली कहानियों को जानेंगे — जो आम थे, लेकिन उनके इरादे और कोशिश उन्हें असाधारण बना गए।

1. **थॉमस एडिसन** – 1000 बार फेल होने वाला विजेता

जब एडिसन बल्ब बना रहे थे, तब उन्होंने हजारों प्रयोग किए।

किसी ने उनसे पूछा —

"आप 1000 बार फेल हो गए, कैसा लग रहा है?"

एडिसन ने जवाब दिया:

"मैं 1000 बार फेल नहीं हुआ, मैंने 1000 तरीके ढूंढे जो काम नहीं करते।"

यह सोच ही सफलता की जननी है।

2. एपीजे अब्दुल कलाम – अख़बार बेचने वाले से मिसाइल मैन तक

कलाम साहब का बचपन बेहद साधारण था। वे अख़बार बेचते थे ताकि अपने परिवार का खर्च उठा सकें।

लेकिन उनका सपना बड़ा था — देश के लिए कुछ करने का।

कई बार असफल होने के बावजूद उन्होंने अपनी पढ़ाई नहीं छोड़ी।

उन्होंने DRDO और ISRO में काम किया, और भारत के मिसाइल कार्यक्रम को नई ऊँचाई पर पहुँचाया।

बाद में वे भारत के राष्ट्रपति भी बने।

अगर उन्होंने कठिनाइयों के सामने हार मान ली होती, तो क्या वे 'मिसाइल मैन' कहलाते?

3. कर्नल सैंडर्स – 65 की उम्र में शुरुआत करने वाला ब्रांड

KFC (Kentucky Fried Chicken) आज दुनिया का जाना-माना नाम है।

लेकिन इसके पीछे की कहानी बहुत कम लोग जानते हैं।

Harland Sanders ने 65 साल की उम्र में KFC की शुरुआत की थी।

उन्होंने अपना चिकन रेसिपी 1000 से ज़्यादा रेस्टोरेंट्स को बेचना चाहा, और उन्हें 1009 बार रिजेक्शन मिला।

पर उन्होंने हार नहीं मानी — और आज KFC 145+ देशों में मौजूद है।

4. सुनील छेत्री – संघर्ष से शिखर तक

भारतीय फुटबॉल टीम के कप्तान सुनील छेत्री भी एक समय ऐसे दौर से गुज़रे जब उन्हें किसी क्लब ने नहीं लिया।

लोगों को लगता था भारत में फुटबॉल नहीं चल सकता।

लेकिन उन्होंने मेहनत की, बार-बार रिजेक्शन झेला, और आज वे भारत के सबसे सफल फुटबॉलर हैं।

5. आप और आपकी कहानी?

अब ज़रा रुकिए, और खुद से पूछिए:

क्या आप में भी कुछ करने की आग है?

क्या आप भी उन लोगों में से हैं जो बार-बार गिरकर फिर उठ सकते हैं?

अगर हाँ, तो यक़ीन मानिए — आपका नाम भी एक दिन किसी किताब में लिखा जा सकता है।

***

अध्याय 6: हार के बाद जीत का रास्ता

हर इंसान की ज़िंदगी में ऐसा समय आता है जब लगता है कि सब खत्म हो गया है।

कोशिशें बेकार जा रही हैं, रास्ते बंद हैं, और आगे बढ़ने की कोई उम्मीद नहीं दिखती।

पर क्या यहीं अंत होता है?

या यहीं से नई शुरुआत होती है?

असल में, यही वो मोड़ होता है जहाँ से इंसान खुद को दोबारा बना सकता है।

हार कोई स्थायी स्थिति नहीं है — यह एक संदेश है कि रास्ता बदलो, पर चलना मत छोड़ो।

1. हार से डर नहीं, उससे सीख लो

जब आप हारते हैं, तो दो रास्ते होते हैं:

या तो आप खुद को कोसते रहिए, हालात को दोष देते रहिए।

या फिर आप सोचिए — "मैंने कहाँ चूक की? और अगली बार क्या बेहतर कर सकता हूँ?"

हार को अगर सीखने के मौके के रूप में लिया जाए, तो वह सबसे बड़ा शिक्षक बन सकती है।

2. हार का सबसे अच्छा इलाज – फिर से कोशिश करना

जब कोई बच्चा चलना सीखता है, तो वह गिरता है, फिर उठता है।

कोई उसे नहीं कहता, "तू चलने लायक नहीं है।"

बल्कि हर कोई कहता है — "कोशिश करता रह, एक दिन चल ही पड़ेगा।"

तो फिर बड़े होने के बाद हम यह क्यों भूल जाते हैं?

हर बार गिरने के बाद अगर हम उठे नहीं, तो जीत का सपना बस सपना ही रह जाएगा।

जीत उन्हीं को मिलती है जो गिरने के बावजूद रुकते नहीं हैं।

3. मन को फिर से तैयार करना

हार इंसान को मानसिक रूप से तोड़ देती है।

ऐसे में सबसे ज़रूरी है — खुद से बात करना।

खुद को याद दिलाओ कि तुम पहले भी मुश्किलों से निकले हो।

अपनी जीतों की लिस्ट बनाओ — चाहे छोटी हों, पर थीं तुम्हारी।

रोज़ सुबह खुद से कहो: "मैं फिर से कोशिश करूँगा, और इस बार बेहतर करूँगा।"

4. नई रणनीति, नया रास्ता

कभी-कभी जीत सिर्फ़ इसलिए नहीं मिलती क्योंकि हम एक ही तरीके से बार-बार कोशिश कर रहे होते हैं।

हार के बाद यह समय होता है सोचने का, रुकने का नहीं।

अपनी रणनीति को बदलो:

नए लोगों से मिलो

सलाह लो

खुद को बेहतर बनाओ

और तब फिर से चलो — एक नई ऊर्जा के साथ।

5. छोटी-छोटी जीतों का जश्न

अक्सर हम बड़ी जीत के इंतज़ार में छोटी जीतों को नज़रअंदाज़ कर देते हैं।

पर सच ये है कि हर छोटी जीत एक सीढ़ी है जो आपको बड़ी मंज़िल तक ले जाती है।

आज एक नई आदत बनाना,

आज निराशा से बाहर निकल आना,

आज फिर से कोशिश करना — ये सब भी जीत है।

अब सोचिए:

आपने कितनी बार हार के बाद फिर से शुरुआत की?

और क्या आप फिर से खड़े होने के लिए तैयार हैं?

***

अध्याय 7: ख्वाहिशों को ज़िंदा कैसे ररवें?

हर इंसान के अंदर कोई न कोई ख्वाहिश होती है।

कोई लेखक बनना चाहता है, कोई गायक, कोई बिजनेस शुरू करना चाहता है, कोई बस खुलकर जीना चाहता है।

पर ज़िंदगी की भागदौड़, जिम्मेदारियाँ, असफलताएँ और समाज की अपेक्षाएँ मिलकर उस ख्वाहिश की लौ को धीरे-धीरे धीमा कर देती हैं।

और फिर एक दिन इंसान कहता है —

"अब सपना देखना छोड़ दिया है।"

लेकिन क्या ख्वाहिशें इतनी कमजोर होती हैं कि थोड़ा सा तूफ़ान उन्हें बुझा दे?

नहीं।

ख्वाहिशें मरती नहीं —

उन्हें सिर्फ़ हम भूल जाते हैं।

1. अपनी ख्वाहिशों को दोबारा पहचानो

कभी-कभी हम इतने व्यस्त हो जाते हैं कि हमें याद ही नहीं रहता कि हमारा सपना क्या था।

ऐसे में रुकना ज़रूरी है। खुद से पूछो:

मुझे क्या करने में सबसे ज़्यादा खुशी मिलती है?

अगर कोई डर न हो, तो मैं क्या करना चाहूँगा?

मैं किस चीज़ के लिए सुबह जल्दी उठ सकता हूँ?

ये सवाल तुम्हें फिर से तुम्हारी ख्वाहिशों की तरफ ले जाएँगे।

2.   ख्वाहिशों पूरी करने का सही समय? –

अभी

लोग कहते हैं, "जब सब ठीक हो जाएगा, तब अपने सपनों के बारे में सोचूँगा।"

पर सच तो ये है — सब कभी पूरी तरह ठीक नहीं होता।

हमेशा कुछ न कुछ अधूरा रहेगा।

इसलिए अगर आप अपने ख्वाबों को ज़िंदा रखना चाहते हैं, तो उनके लिए आज से ही काम शुरू कीजिए।

भले ही छोटा कदम हो — पर दिशा वही होनी चाहिए।

3. अपने आप को उस माहौल में रखो जो तुम्हारी ख्वाहिशों को पोषण दे

जैसे पौधे को सूरज की रोशनी और पानी चाहिए होता है,

वैसे ही ख्वाहिशों को भी सकारात्मक माहौल, मोटिवेशन और सही संगत चाहिए होती है।

उन लोगों के साथ रहो:

जो तुम्हारे सपनों को समझें

जो तुम्हें नीचे नहीं खींचते

जो खुद भी आगे बढ़ना चाहते हैं

क्योंकि जैसे माहौल में आप रहते हैं, वैसे ही आप सोचने लगते हैं।

4. खुद को बार-बार याद दिलाओ — क्यों शुरू किया था?

हर बार जब आप थक जाएँ, रुकने का ज़िंदा मन करे,

तो उस पहले दिन को याद करो जब आपने सपना देखा था।

वह जोश

वह उम्मीद

वह चमक आपकी आँखों में

उसे बार-बार जीओ।

वही आग फिर से जलेगी।

5. अपने ख्वाबों को लिखो, देखो, जियो

हर दिन अपने ख्वाहिशों को कहीं लिखो,

उन्हें पढ़ो, उनके बारे में सोचो।

Visualization एक शक्तिशाली तकनीक है — जब आप बार-बार किसी चीज़ को अपने दिमाग़ में जीते हैं,

तो आपकी ऊर्जा और आपका मन दोनों उसी दिशा में काम करने लगते हैं।

हर इंसान के अंदर कोई न कोई ख्वाहिश होती है

***

अध्याय 8: आत्मविश्वास और आत्मसंवाद

दुनिया में कोई भी लड़ाई जीतने से पहले, इंसान को एक लड़ाई खुद से लड़नी पड़ती है — और वो है, "क्या मैं कर सकता हूँ?"

अगर इस सवाल का जवाब "हाँ" हो, तो कोई भी सपना बड़ा नहीं होता।

और अगर जवाब "नहीं" हो, तो सबसे आसान रास्ता भी मुश्किल लगने लगता है।

इसलिए आत्मविश्वास और आत्मसंवाद (Self-Talk) ही वो भीतर की ताक़त हैं जो इंसान को उठाती हैं, चलाती हैं और मंज़िल तक पहुँचाती हैं।

1. आत्मविश्वास क्या है?

आत्मविश्वास का मतलब यह नहीं है कि आपको सब कुछ आता है।

बल्कि इसका मतलब है — "अगर नहीं आता, तो भी सीख लूँगा।"

यह एक मानसिक स्थिति है जहाँ आप अपने अंदर की आवाज़ को सकारात्मक बनाते हैं ।

वो आवाज़ जो कहती है —

"मैं कर सकता हूँ, मैं कोशिश करूँगा, और मैं हार नहीं मानूँगा ।"

2. आत्मसंवाद: जो आप खुद से कहते हैं, वही बनते हैं

हम पूरे दिन सबसे ज़्यादा बात किससे करते हैं?

खुद से ।

और यह बात कैसी होती है, वही तय करता है कि हम कैसे सोचते हैं, महसूस करते हैं और काम करते हैं ।

अगर आप खुद से कहें —

"मैं हमेशा फेल हो जाता हूँ ।"

"मैं कभी कुछ बड़ा नहीं कर सकता ।"

तो आपका मन भी उसी दिशा में काम करने लगेगा ।

लेकिन अगर आप कहें —

"मैंने अब तक बहुत कुछ झेला है और फिर भी खड़ा हूँ ।"

"मैं हर दिन बेहतर बन रहा हूँ।"

तो आपकी ऊर्जा ही बदल जाती है।

3. आत्मविश्वास पैदा कैसे करें?

छोटे-छोटे वादे खुद से निभाइए।

जब आप खुद से किए गए वादे निभाते हैं (जैसे: आज 30 मिनट पढ़ाई करूँगा), तो मन में भरोसा पैदा होता है कि "मैं कर सकता हूँ।"

अपने achievements की लिस्ट बनाइए।

भले ही छोटी हों — कोई पुराना काम, कोई पुरानी तारीफ़, कोई कठिन घड़ी से निकलना — उन्हें याद कीजिए।

खुद की तुलना दूसरों से मत कीजिए।

हर किसी का सफर अलग है।

तुलना सिर्फ़ अपनी बीती सोच और आज की सोच से कीजिए।

4. जब आत्मविश्वास डगमगाने लगे, तो ये कीजिए:

आईने में देखिए और कहिए:

"मैं खुद पर भरोसा करता हूँ।"

बार-बार कहिए, जब तक मन मान न जाए।

खुद से सवाल पूछिए:

"मैंने अब तक क्या-क्या झेला है और फिर भी खड़ा हूँ — क्या यह कम है?"

"अगर डर न होता, तो मैं क्या करता?"

उन लोगों की कहानियाँ पढ़िए जो आपकी तरह कभी टूटे थे, पर फिर भी उठ खड़े हुए ।

5. सबसे ज़रूरी बात — खुद को अपना दोस्त बनाइए

जब पूरी दुनिया आपको नीचा दिखाने की कोशिश कर रही हो,

तो सबसे ज़रूरी है कि आप खुद को ऊपर उठाइए ।

आपका आत्मसंवाद ही वो ताक़त है जो या तो आपको डूबा सकती है या उड़ने के लिए पंख दे सकती है ।

अब सोचिए:

आप खुद से कैसी बातें करते हैं?

क्या आप अपने सबसे अच्छे दोस्त जैसे बात करते हैं, या सबसे सख़्त आलोचक जैसे?

***

अध्याय 9: डर का सामना करने की रणनीति

डर कोई शत्रु नहीं है — वह एक संकेत है, एक चेतावनी।

लेकिन जब हम उसे दुश्मन समझ लेते हैं, तब वह हमें नियंत्रित करने लगता है।

हमें डर को हराना नहीं है — हमें डर को समझकर उसके साथ जीना सीखना है।

और इसके लिए चाहिए रणनीति — एक ऐसी सोच और व्यवहार का तरीका जिससे डर आपका रास्ता न रोके, बल्कि आपके आत्मविकास का हिस्सा बने।

1. डर को पहचानो – वह कहां से आ रहा है?

हर डर की एक जड़ होती है:

असफलता का डर – **"लोग क्या कहेंगे?"**

सामाजिक दबाव का डर – "मैं सबकी उम्मीदों पर खरा नहीं उतरा तो?"

अपनी काबिलियत पर शक – "क्या मैं इसके लायक हूँ?"

भविष्य का अनजाना डर – "अगर कुछ गलत हो गया तो?"

सबसे पहले अपने डर को शब्दों में ढालो।

जब आप डर को जाहिर कर देते हैं, वह अंदर से बाहर आ जाता है और अपना असर खोने लगता है।

2. डर का सामना करने के छोटे कदम

बहुत बार हम डर से इसलिए डरते हैं क्योंकि हम सोचते हैं कि हमें सब कुछ एक साथ करना होगा।

लेकिन अगर आप डर को छोटे हिस्सों में तोड़ दें, तो वह उतना डरावना नहीं लगता।

उदाहरण:

अगर आप स्टेज पर बोलने से डरते हैं,

तो पहला कदम हो सकता है —

अकेले में बोलना

फिर एक दोस्त के सामने

फिर 3 लोगों के सामने

और फिर धीरे-धीरे, एक बड़े मंच पर

छोटे कदम = बड़ा आत्मविश्वास

3. डर से संवाद करो, उससे लड़ो नहीं

जब डर आए, तो खुद से कहो:

"मैं जानता हूँ तू है, पर तू मुझे नहीं रोकेगा।"

"मैंने पहले भी डर के बावजूद काम किया है।"

"हर बार जब मैं डर से आगे बढ़ा, मेरी दुनिया बड़ी हुई है।"

इससे डर आपके खिलाफ़ नहीं, आपके साथ चलने लगेगा।

4. डर का इस्तेमाल मोटिवेशन के लिए करो

डर बताता है कि कुछ महत्वपूर्ण है।

अगर आप किसी चीज़ से डरते हैं, तो समझिए — वह आपके लिए मायने रखती है।

उसी डर को आग बनाइए:

"मैं इस डर को जीतकर खुद को साबित करूँगा।"

"डर है, मतलब मैं कंफर्ट ज़ोन से बाहर जा रहा हूँ — यानी मैं आगे बढ़ रहा हूँ।"

5. डर के बाद मिलने वाली आज़ादी

हर बार जब आप किसी डर को पार करते हैं,

तो आपको सिर्फ़ एक जीत नहीं मिलती —

आपको खुद पर और गहरा यक़ीन मिलता है।

डर को पार करना मतलब है —

एक नया YOU पैदा करना।

अब आपसे एक सवाल:

आप किस डर के कारण आज उस जगह नहीं हैं, जहाँ आप होना चाहते हैं?

और क्या आप आज पहला छोटा कदम लेने के लिए तैयार हैं?

***

अध्याय 10: ज़िंदगी में स्थिरता और प्रयास का संतुलन

कोशिश करना ज़रूरी है।

लगातार आगे बढ़ते रहना भी ज़रूरी है।

लेकिन क्या आप जानते हैं कि हर वक्त दौड़ते रहना भी थका देता है?

ज़िंदगी सिर्फ़ "करने" का नाम नहीं है —

ज़िंदगी जीने का भी नाम है।

इसलिए कोशिश और स्थिरता, दोनों का संतुलन बनाना बेहद ज़रूरी है।

क्योंकि अगर आपने हर पल सिर्फ़ खुद को धकेला और कभी रुके नहीं,

तो आपकी ऊर्जा खत्म हो जाएगी — और आप उस सफर का आनंद भी नहीं ले पाएँगे।

1. स्थिरता का मतलब क्या है?

स्थिरता का मतलब है:

रुकना नहीं, पर भागना भी नहीं।

ज़रूरत के मुताबिक ठहरना।

अपने मन, शरीर और सोच को रीसेट करना।

यह एक ऐसी स्थिति है जहाँ आप भीतर से शांत होते हैं, और उसी शांति से बेहतर निर्णय ले सकते हैं।

2. क्यों ज़रूरी है रुकना?

कभी-कभी हमें लगता है कि अगर हम रुक गए, तो पीछे रह जाएँगे।

पर सच ये है:

जब आप रुकते हैं, तो सोचने का मौका मिलता है।

जब आप रुकते हैं, तो खुद से जुड़ पाते हैं।

जब आप रुकते हैं, तो थकान मिटती है — और फिर नई ऊर्जा मिलती है।

ठहराव का मतलब हार नहीं है।

ठहराव एक रणनीतिक ब्रेक है।

3. प्रयास की लय बनाइए

कोशिश का कोई सही समय या नियम नहीं होता, लेकिन उसका एक pattern होना चाहिए ।

उदाहरण:

हफ्ते में एक दिन खुद को रिफ्रेश करने दीजिए ।

हर दिन कुछ घंटे सिर्फ़ "खुद के लिए" निकालिए ।

अपने काम के बीच में छोटे-छोटे ब्रेक लीजिए ।

इससे आप बर्नआउट से बचेंगे और आपकी प्रोडक्टिविटी भी बढ़ेगी ।

4. भीतर की स्थिरता बनाम बाहर की हलचल

बाहरी दुनिया हमेशा हलचल में रहती है — लक्ष्य, काम, समाज, सोशल मीडिया...

पर अगर आप भीतर से स्थिर हैं, तो बाहर की आवाज़ें आपको हिला नहीं सकतीं ।

इसलिए: ध्यान (Meditation) को अपनी आदत बनाइए ।

दिन की शुरुआत खुद से कीजिए — किसी और की आवाज़ से नहीं ।

रात को खुद को शांत कीजिए — दिन भर की थकान से ।

भीतर की स्थिरता = लंबे समय तक टिके रहने की शक्ति

5. संतुलन नहीं है कमज़ोरी — ये सबसे बड़ी समझदारी है

कोई भी इंसान जो लगातार दौड़ता है, एक दिन गिर जाता है।

पर जो रुक-रुक कर चलता है, वो देर से सही — मंज़िल तक ज़रूर पहुँचता है।

आपको तय करना है कि आप थोड़े समय के लिए दौड़कर गिरना चाहते हैं

या थोड़े-थोड़े कदमों से लगातार चलते रहना।

अब आपसे एक सवाल:

क्या आप अपनी कोशिशों और आराम के बीच संतुलन बना पा रहे हैं?

या कहीं आप खुद को ही नज़रअंदाज़ कर रहे हैं?

***

अध्याय 11: असफलता से सीखना

असफलता शब्द सुनते ही हमारे मन में जो पहली छवि बनती है, वो है— हार, शर्मिंदगी, और निराशा।

लेकिन अगर हम ज़रा ठहरकर सोचें, तो असफलता कोई अंत नहीं, बल्कि एक मोड़ होती है।

एक सिखाने वाला पड़ाव, जहाँ ज़िंदगी हमें वो सबक देती है जो कोई किताब नहीं दे सकती।

1. असफलता = Experience

जब कोई काम नहीं बनता, तो हम अक्सर सोचते हैं:

"मैं फेल हो गया।"

पर हकीकत यह है:

"मैंने एक तरीका आज़माया जो काम नहीं किया — अब मैं एक अनुभव से और बेहतर हो गया हूँ"

हर असफलता आपको यह बताती है:

क्या काम नहीं करता

किस सोच में बदलाव ज़रूरी है

कहाँ ध्यान नहीं गया

और सबसे ज़रूरी — आपकी कितनी हिम्मत है दोबारा खड़े होने की

2. सफल लोग असफलता को कैसे देखते हैं?

हर सफल इंसान की कहानी के पीछे कई नाकामियाँ छिपी होती हैं।

जैक मा (Alibaba) – 30 से ज़्यादा नौकरियों के लिए रिजेक्ट हुए,

ओपरा विनफ्रे – टीवी से निकाल दी गईं क्योंकि "वो कैमरे के लायक नहीं थीं",

अमिताभ बच्चन – रेडियो से रिजेक्ट हुए थे उनके भारी आवाज़ के कारण।

पर सबने एक बात कॉमन की —

सीखा, सुधारा, और फिर दोबारा प्रयास किया।

3. असफलता से डर क्यों लगता है?

क्योंकि हमें बचपन से सिखाया गया:

"फेल होना बुरा है"

"अगर तुम फेल हुए, तो तुम्हारी काबिलियत पर सवाल उठेगा"

"सिर्फ़ टॉपर्स ही आगे बढ़ते हैं"

पर ज़िंदगी का असली स्कूल तो वहीं से शुरू होता है जहाँ हम फेल होते हैं।

फेल होना गलत नहीं है,

फेल होकर बैठ जाना गलत है।

4. असफलता को उपयोग कैसे करें?

डायरी में लिखिए – क्या हुआ, क्यों हुआ, क्या सीखा?

Feedback लीजिए – जिससे सुधार हो सके

पुनरावलोकन कीजिए – क्या आप उसी तरीके से बार-बार कोशिश कर रहे हैं?

असफलता को जब तक आप analyze नहीं करते,

वो सिर्फ़ दर्द बनकर रह जाती है।

लेकिन जैसे ही आप उससे सीखते हैं —

वो आपकी सबसे बड़ी Teacher बन जाती है।

5. खुद को दोष देना बंद करें

असफलता का मतलब यह नहीं कि आप गलत इंसान हैं।

यह सिर्फ़ एक अवसर है बेहतर बनने का।

खुद से कहिए:

"मुझे इस बार नहीं आया, अगली बार बेहतर करूँगा।"

"मैं हार नहीं मान रहा, मैं सीख रहा हूँ।"

"मेरी असफलता, मेरी ताक़त बनेगी।"

अब आपसे एक सवाल:

आपने अब तक की सबसे बड़ी असफलता से क्या सीखा है?

और क्या आप उसे अपनी शक्ति में बदलने को तैयार हैं?

***

अध्याय 12: लक्ष्य को देखने का तरीका

आपका लक्ष्य आपके लिए क्या मायने रखता है?

क्या वो बस एक सपना है, जो अच्छा लगता है सोचने में?

या वो ऐसा मकसद है जिसके बिना चैन नहीं आता?

लक्ष्य को आप कैसे देखते हैं — यही तय करता है कि आप उसे हासिल करेंगे या नहीं।

इस अध्याय में हम यही समझेंगे कि कैसे लक्ष्य को देखने का नज़रिया ही हमारी मोटिवेशन, रणनीति और परिणाम को प्रभावित करता है।

1. लक्ष्य: मंज़िल या दिशा?

ज़्यादातर लोग लक्ष्य को एक मंज़िल की तरह देखते हैं — एक ऐसी जगह जहाँ पहुँचकर सब कुछ ठीक हो जाएगा।

लेकिन हकीकत ये है:

लक्ष्य एक दिशा है, एक सतत यात्रा।

अगर आप सोचते हैं कि "बस ये मिल जाए, फिर मैं खुश हो जाऊँगा,"

तो आप खुद को एक असलियत से काट रहे हैं —

क्योंकि लक्ष्य हासिल करने के बाद भी अगला लक्ष्य आ जाएगा।

इसलिए ज़रूरी है कि आप सफर से प्यार करें, सिर्फ़ मंज़िल से नहीं।

2. लक्ष्य तय कैसे करें?

एक अच्छा लक्ष्य वही होता है जो:

आपको उत्साहित करे

आपको चुनौती दे

और आपके मूल्यों से मेल खाए

SMART Goal एक अच्छा तरीका है:

Specific (सटीक)

Measurable (मापने योग्य)

Achievable (प्राप्त करने योग्य)

Relevant (प्रासंगिक)

Time-bound (समय-सीमा सहित)

उदाहरण:

"मैं अगले 6 महीनों में 10 किलो वजन घटाऊँगा"

इसमें स्पष्टता है, समय है, मापदंड है — यह दिमाग़ को स्पष्ट दिशा देता है।

3. लक्ष्य के पीछे की भावना को समझो

कोई भी लक्ष्य तभी टिकता है जब उसके पीछे भावना हो।

मतलब सिर्फ़ "क्या" नहीं, बल्कि "क्यों?"

"मैं सफल होना चाहता हूँ" — क्यों?

क्या खुद को साबित करने के लिए?

परिवार को बेहतर जीवन देने के लिए?

समाज में कुछ बदलाव लाने के लिए?

जब तक आपका "क्यों" मजबूत नहीं होगा,

हर कठिनाई में आपका "कैसे" कमजोर हो जाएगा।

4. अपने लक्ष्य से जुड़े रहना कैसे सीखें?

रोज़ अपने लक्ष्य को देखो या लिखो — ताकि वो आपकी चेतना में बना रहे

अपने लक्ष्य की Visualisation करो — जैसे आप उसे पा चुके हों

उसे अपने दोस्तों/परिवार से शेयर करो — ताकि एक ज़िम्मेदारी महसूस हो

लक्ष्य को अपनी दिनचर्या का हिस्सा बनाओ —

ताकि वो सपना न रह जाए, बल्कि आपकी आदत बन जाए।

5. लक्ष्य को लचीलापन भी दो

कई बार रास्ते में हालात बदल जाते हैं — और उस समय ज़रूरी होता है कि हम अपने लक्ष्य में लचीलापन रखें।

लक्ष्य का रास्ता बदले, मंज़िल नहीं।

अगर एक तरीका न चले, तो दूसरा आज़माओ।

अगर रुकना पड़े, तो रुको — पर लक्ष्य को आँखों से ओझल मत होने दो।

अब खुद से पूछिए:

क्या मेरा लक्ष्य मेरे दिल से जुड़ा है?

क्या मैं अपने लक्ष्य के लिए हर दिन कुछ कर रहा हूँ?

क्या मैं लक्ष्य की ओर बढ़ते सफर को एंजॉय कर पा रहा हूँ?

***

अध्याय 13: हर दिन एक नई शुरुआत है

कभी-कभी हम किसी एक बुरे दिन, एक असफल प्रयास, या किसी गलती को इतनी गहराई से पकड़ लेते हैं कि वह हमारा पूरा भविष्य ढक लेता है।

हम सोचने लगते हैं — "अब क्या फ़ायदा?", "मेरे बस की बात नहीं", "मैं पहले भी तो हार चुका हूँ।"

पर क्या आप जानते हैं?

हर सुबह हमें एक तोहफा देती है — "फिर से शुरू करने का मौका।"

बीता हुआ दिन गया, वो हार गई,

वो गलती हुई,

पर आज अभी भी आपके हाथ में है।

1. आज = एक नया मौका

जब सूरज उगता है, तो वो कल के बादल नहीं लाता।

वो हर दिन नए उजाले के साथ आता है।

ठीक वैसे ही, आपका आज भी

नई सोच ला सकता है

नई शुरुआत करवा सकता है

पुरानी गलतियों को सुधार सकता है

पर ये तभी होगा, जब आप मानें कि आज भी कुछ बदल सकता है।

2. खुद को माफ़ करना सीखो

कई बार हम बीते कल की गलतियों को इतना बड़ा बना लेते हैं कि वो हमारी आत्मा पर बोझ बन जाती हैं।

पर सच ये है—

कोई भी इंसान परफेक्ट नहीं होता।

हर किसी से गलतियाँ होती हैं। फर्क सिर्फ़ इतना है कि कुछ लोग उन्हें अपनी पहचान बना लेते हैं, और कुछ उन्हें सीख बनाकर आगे बढ़ते हैं।

अगर आपने कभी:

गलत निर्णय लिया है

अपने आप को धोखा दिया है

किसी मौके को खो दिया है

तो आज वो दिन हो सकता है जब आप खुद से कहें:

“ठीक है, मैंने किया था। लेकिन अब मैं उससे बेहतर बनूँगा।”

3. छोटे कदम = बड़ी शुरुआत

नई शुरुआत का मतलब ये नहीं कि आप सब कुछ एक ही दिन में बदल दें।

बस इतना कीजिए:

सुबह उठते ही खुद से कहिए: “आज मैं पहले से बेहतर रहूँगा।”

एक छोटी आदत चुनिए जिसे आप बदलना चाहते हैं — जैसे 10 मिनट पढ़ाई, 15 मिनट व्यायाम, 5 मिनट शांति

दिन के अंत में खुद से पूछिए: “क्या मैंने आज वाकई शुरुआत की?”

हर दिन की ये छोटी जीत,

आपको एक दिन उस इंसान में बदल देगी जिसे आप सच में बनना चाहते हैं।

4. बीते कल को विदा दो, ताकि आज खुलकर जी सको

जब हम पुराने पछतावों को दिल में लिए चलते हैं, तो हमारा आज बोझिल हो जाता है।

एक उदाहरण सोचिए —

अगर आप रोज़ एक भारी पत्थर उठाकर चलें, तो कुछ दूर के बाद ही आप थक जाएँगे।

ठीक वैसा ही होता है जब हम कल की बातें अपने साथ लेकर चलते हैं।

उन पत्थरों को नीचे रख दो।

वो ज़रूरी नहीं हैं,

पर आज का दिन बहुत ज़रूरी है।

5. खुद को रोज़ एक नई उम्मीद दीजिए

कोशिश कीजिए कि हर सुबह खुद से एक अच्छी बात कहें:

"मैं आज एक नई शुरुआत कर सकता हूँ।"

"मैं अपनी कहानी का नायक हूँ।"

"मैं अपनी जिंदगी को बदल सकता हूँ — एक दिन में एक कदम।"

याद रखिए,

हर दिन का सूरज यह कहने आता है —

"फिर से चलो, मैं तुम्हारे साथ हूँ।"

अब आपसे एक सवालः

क्या आप बीते कल को विदा देकर आज को गले लगाने के लिए तैयार हैं?

***

अध्याय 14: मन को ट्रेन कैसे करें?

आपका मन आपके जीवन का सबसे शक्तिशाली उपकरण है।

यह वही है जो आपको ऊँचाइयों तक ले जा सकता है,

और वही है जो आपको अंधेरे गड्ढों में गिरा सकता है।

पर अच्छी बात ये है:

मन को ट्रेन किया जा सकता है।

जैसे शरीर को व्यायाम से मजबूत किया जाता है, वैसे ही मन को अनुशासन, ध्यान और सोच से मजबूत बनाया जा सकता है।

1. मन चलता है आदतों से

आपका मन हर दिन हजारों विचारों से गुजरता है — उनमें से ज़्यादातर automated होते हैं, यानी बिना सोच-समझ के।

उदाहरण:

अगर आप हर बार मुश्किल आने पर कहते हैं, "मैं नहीं कर सकता",

तो आपका मन यही मानने लगता है।

पर अगर आप हर बार खुद से कहें, "मैं कोशिश करूँगा",

तो मन उस दिशा में चलने लगता है।

यानी आप जैसी आदतें बनाते हैं, वैसा ही मन बनता है।

2. सुबह की शुरुआत से मन बनता है या बिगड़ता है

सुबह सबसे संवेदनशील समय होता है ।

अगर आप दिन की शुरुआत:

नकारात्मक सोच से करते हैं,

बुरी खबरों से भर देते हैं,

या सोशल मीडिया की तुलना से दिन शुरू करते हैं,

तो आपका मन दिनभर उसी ऊर्जा में रहता है ।

पर अगर आप सुबह सिर्फ़ 10 मिनट खुद को दो,

गहरी साँसें लें

अच्छे विचारों को पढ़ें या लिखें

या खुद से कहें: "आज मैं शांत और सक्षम हूँ"

तो आपका मन आपके साथ चलने लगेगा ।

3. मन को शांत करना सीखिए — ध्यान (Meditation)

ध्यान कोई धार्मिक या कठिन प्रक्रिया नहीं है ।

यह बस मन को सिखाना है कि रुकना भी ज़रूरी है ।

हर दिन:

आँखें बंद कीजिए

गहरी साँस लें

5 मिनट बस अपने भीतर झाँकिए

धीरे-धीरे आपका मन चुप रहना सीखेगा ।

और एक चुप मन — एक स्पष्ट सोच वाला मन बन जाता है ।

4. मन को direction दो — वरना वह distraction में उलझेगा

अगर आप अपने मन को कोई दिशा नहीं देते,

तो वह खुद ही distraction ढूँढ लेता है — सोशल मीडिया, comparison, चिंता, शंका...

इसलिए:

हर दिन के लिए एक उद्देश्य बनाइए

हर काम से पहले खुद से पूछिए: “क्या ये मुझे मेरे लक्ष्य के करीब ले जा रहा है?”

फालतू चीज़ों को “ना” कहना सीखिए

Focus = Trained Mind

5. मन से दोस्ती करो, उससे लड़ो नहीं

कई बार हमारा मन डराता है, ग़लत सोचता है, थका देता है।

पर इससे लड़ने की बजाय, उससे बात करना सीखिए।

जब मन कहे: **"तू नहीं कर पाएगा"**,

तो जवाब दो: **"मैं कोशिश तो करूँगा।"**

जब मन कहे: **"सब बेकार है"**,

तो कहो: "थोड़ा वक्त दो, सब बदल सकता है।"

मन वही मानता है जो आप उसे बार-बार बताते हो।

6. लिखने की आदत – मन को दिशा देने का सबसे सरल तरीका

हर रात सोने से पहले:

अपने विचार लिखो

क्या अच्छा किया, क्या सीख मिली

क्या सोच सता रही है?

लिखने से मन हल्का होता है, स्पष्ट होता है, और संभलता है।

अब आपसे एक सवाल:

क्या आप अपने मन को गाइड कर रहे हैं?

या वो आपको कहीं भी खींच कर ले जा रहा है?

***

अध्याय 15: मंज़िल नहीं, सफर ज़रूरी है

जब हम कोई लक्ष्य तय करते हैं, तो हमारी पूरी ऊर्जा बस उसे हासिल करने में लग जाती है।

हम सोचते हैं — "जब मैं वहाँ पहुँच जाऊँगा, तब सब अच्छा होगा। तब चैन मिलेगा, तब खुशी मिलेगी।"

लेकिन क्या आपने कभी सोचा है कि

क्या सच में मंज़िल वो सब कुछ है?

या वो रास्ता — वो सफर — जो हमें वहाँ तक ले गया,

क्या वो कहीं ज़्यादा कीमती है?

1. मंज़िल मिलते ही खालीपन क्यों आता है?

कई लोग जब अपने सपनों को पूरा कर लेते हैं,

तो एक सवाल उनके सामने खड़ा होता है —

"अब क्या?"

क्योंकि उन्होंने सिर्फ़ मंज़िल देखी थी, सफर को जिया नहीं।

ज़िंदगी कोई एक station नहीं है जहाँ पहुँचना है

यह एक चलती हुई ट्रेन है,

जहाँ हर स्टेशन, हर मोड़, हर दृश्य का अपना अनुभव है।

2. सफर में ही आप खुद को पाते हैं

जब आप सफर में होते हैं:

आप असफल होते हैं

सीखते हैं

गिरते हैं, उठते हैं

लोगों से मिलते हैं

खुद को देखते हैं नए रूप में

यही सफर आपको परिपक्व बनाता है।

मंज़िल तो बस एक क्षण है — पर सफर पूरी ज़िंदगी है।

3. रुककर भी देखो — कहीं मंज़िल तुम्हारे भीतर तो नहीं?

हम अक्सर बाहर दौड़ते हैं —

बड़ी नौकरी, बड़ी कार, बड़ा नाम।

पर कभी ठहरकर देखिए —

क्या असली शांति और संतोष बाहर है?

या वो आपके मन के अंदर, इस सफर के हर छोटे अनुभव में छिपा है?

हर बार जब आप खुद को बेहतर बनाते हैं,

जब आप किसी को मुस्कान देते हैं,

जब आप मुश्किल में भी चलना नहीं छोड़ते —

वहीं एक अदृश्य मंज़िल है, जो आपको भर देती है।

4. सफर से प्यार करना सीखो

अगर सफर थका देने वाला लगे,

तो रुक कर सांस लो,

कभी पीछे देखो —

कितना लंबा रास्ता तय कर चुके हो।

हर वो दिन जब तुमने हार के बाद फिर कोशिश की —

वही तुम्हारी जीत का हिस्सा है।

5. जीत की परिभाषा क्या है?

क्या सिर्फ़ मंज़िल पाना ही जीत है?

या हर दिन गिरकर फिर उठना भी जीत है?

या जब तुम डरकर भी आगे बढ़ते हो,

तब क्या वो जीत नहीं?

जीत वो नहीं जो दुनिया देखे,

जीत वो है जो तुम्हारा मन महसूस करे।

अंतिम शब्द: ज़िंदगी एक कहानी है — और आप उसके लेखक हो

हर दिन एक पन्ना है,

हर निर्णय एक पैराग्राफ,

हर भावनाएँ एक कविता,

और हर कोशिश — एक नई उम्मीद।

इसलिए लिखते रहिए, चलते रहिए,

हारिए मत — क्योंकि आप अभी सफर में हैं।

अब जब आप इस किताब के अंत तक पहुँचे हैं,

तो मैं आपसे यही कहूँगा:

"कोशिश करते रहिए — क्योंकि कोशिश करने वालों की कभी हार नहीं होती।"

और सबसे जरूरी बात:

"मन से मत हारिए — क्योंकि वहीं से जीत की शुरुआत होती है।"

***

अध्याय 16: चुनौतियों में छुपे अवसर

हर इंसान की ज़िंदगी में ऐसे पल आते हैं जब लगता है — "क्यों मेरे साथ ही ऐसा हुआ?"

कभी हालात टूट जाते हैं, कभी भरोसे, और कभी सपने।

पर क्या आपने कभी सोचा है कि जिन घटनाओं को हम "चुनौती" कहते हैं,

हो सकता है वे ही हमारे जीवन की सबसे ज़रूरी शिक्षाएँ हों?

इस अध्याय में हम समझेंगे कि क्यों ज़िंदगी की सबसे कठिन घड़ियाँ — असल में, सबसे बड़े अवसर लेकर आती हैं।

1. जब सब कुछ टूटता है, तब कुछ नया बनता है

हर बार जब कोई रिश्ता टूटता है, जब कोई योजना असफल होती है, जब कोई सपना बिखरता है — तो ऐसा लगता है जैसे जीवन थम गया हो।

लेकिन अगर हम थोड़ा पीछे जाकर देखें, तो हम पाएँगे कि:

एक असफल इंटरव्यू ने हमें वो रास्ता दिखाया जिसे हम कभी देख ही नहीं पाते ।

एक टूटे हुए रिश्ते ने हमें खुद से प्यार करना सिखाया ।

एक खोया हुआ अवसर, भविष्य में कुछ बेहतर के लिए रास्ता खाली करता है ।

चुनौतियाँ हमें ज़मीन पर गिराने नहीं, जड़ों से जोड़ने आती हैं ।

2. चुनौतियाँ = नया दृष्टिकोण

अगर जीवन एक पहेली है, तो चुनौतियाँ उसके कठिन लेकिन आवश्यक हिस्से हैं ।

जब सब कुछ ठीक चलता है, तो हम आराम में रहते हैं, सोचते नहीं हैं ।

पर जब कठिनाई आती है, तो हम:

गहराई से सोचते हैं

अपने निर्णयों पर पुनर्विचार करते हैं

खुद को नया दृष्टिकोण देने लगते हैं

चुनौतियाँ हमें ऐसा देखने के लिए मजबूर करती हैं जो पहले नहीं दिखता था।

3. संघर्ष, क्षमता को उजागर करता है

क्या आपने कभी किसी खिलाड़ी की कहानी सुनी है जो बिना टूर्नामेंट हारे विजेता बना हो?

नहीं ना?

क्योंकि जीतने की भूख, हार से आती है।

कभी-कभी जीवन का संघर्ष ही वह आइना होता है जो हमारे अंदर की असली क्षमता दिखाता है।

कई बार जब हम कहते हैं, "मुझसे नहीं होगा,"

वहीं क्षण होता है जहाँ जीवन कहता है, "अब करके दिखाओ।"

4. मुश्किलों में ही चरित्र बनता है

Character isn't built in comfort — it's shaped in chaos.

जब हालात आपके विरुद्ध होते हैं,

जब कोई साथ नहीं होता,

जब आपके पास सिर्फ़ आपकी हिम्मत होती है —

तभी आप असली "आप" को पहचानते हैं।

आप कौन हैं, यह तय नहीं होता जब आप जीतते हैं।

यह तय होता है, जब आप गिरने के बाद उठते हैं।

5. सही नजरिया = हर चुनौती में अवसर

हर समस्या दो तरीकों से देखी जा सकती है:

एक — शिकायत कर के, भागकर

दूसरा — सीख कर, आगे बढ़कर

किसी भी स्थिति में, हमारी सोच ही हमें बनाती या तोड़ती है।

उदाहरण:

मान लीजिए आपको नौकरी से निकाल दिया गया —

आप कह सकते हैं, "मेरे साथ अन्याय हुआ।"

या आप कह सकते हैं, "अब मैं वो कर सकता हूँ जो मैं सच में करना चाहता था।"

आपकी प्रतिक्रिया ही तय करती है कि आप पीड़ित हैं, या विजेता।

6. पाँच सवाल जो हर चुनौती में पूछिए

हर कठिन परिस्थिति में खुद से ये पाँच सवाल पूछिए:

मैं इससे क्या सीख सकता हूँ?

क्या यह चुनौती किसी पुराने डर को सामने ला रही है?

क्या यह मुझे मेरी सीमा से बाहर ले जाने की कोशिश कर रही है?

क्या मैं अभी प्रतिक्रिया दे रहा हूँ या सोच-समझ कर कदम उठा रहा हूँ?

क्या यह अवसर हो सकता है, जो अभी समझ नहीं आ रहा?

इन सवालों के जवाब में ही अवसर छिपा होता है।

दुनिया के सबसे सफल लोग भी टूटे थे

जैसे अब्राहम लिंकन — जो 8 चुनाव हारे, बिजनेस में असफल रहे, पर फिर अमेरिका के राष्ट्रपति बने

जैसे ओपरा विनफ्रे — जिनसे कहा गया "कैमरे के लायक नहीं", पर बनीं दुनिया की सबसे प्रभावशाली महिलाएँ

जैसे अमिताभ बच्चन — जिन्हें रेडियो ने ठुकरा दिया, लेकिन बन गए आवाज़ के बादशाह

इन सबमें एक बात कॉमन थी — उन्होंने अपनी चुनौतियों को अवसर में बदला।

8. जीवन का नियम: तूफ़ान आता है, पर टिकता नहीं

कोई भी तूफ़ान हमेशा के लिए नहीं होता।

हर काली रात के बाद सुबह आती है।

तो जब अगली बार जीवन चुनौती दे,

- रुकिए

- सोचिए

•   और खुद से कहिए:

"यह समय मुझे तोड़ने नहीं, तराशने आया है।"

अंतिम विचार

चुनौतियाँ डराने नहीं, जगाने आती हैं।

वे हमें बताती हैं कि हम कहाँ अटके हैं,

क्या बदलने की ज़रूरत है,

और कहाँ हमारा अगला स्तर इंतज़ार कर रहा है।

अगली बार जब जीवन कठिन लगे, खुद से एक सवाल

पूछिए:

"क्या यह वास्तव में एक समस्या है — या एक भेस में अवसर?"

उपसंहार

जब हम किसी किताब के आख़िरी पन्ने तक पहुँचते हैं, तो लगता है मानो एक यात्रा पूरी हो गई। लेकिन "मन की हार, ज़िंदगी की जीत" की यात्रा यहाँ समाप्त नहीं होती—यह तो अब जाकर शुरू होती है... **आपके भीतर।**

इस पुस्तक को पढ़ते हुए आपने शायद खुद को कई जगहों पर पाया होगा—कभी एक थके हुए मुसाफ़िर के रूप में, तो कभी एक जिद्दी सपने देखने वाले के रूप में।

कहीं अपने डर को पहचानते हुए, तो कहीं हौसले को फिर से खड़ा करते हुए। और यही इस किताब का उद्देश्य था— आपको आपसे मिलवाना।

हम सबकी ज़िंदगी में ऐसे क्षण आते हैं जब हमें लगता है कि अब कुछ नहीं बदलेगा। हम अपनी ही सोच के दायरे में कैद हो जाते हैं। पर सच यह है कि **हमारी सोच ही हमारा संसार रचती है।**

अगर आप अपने मन को जीत लें, तो कोई भी चुनौती बड़ी नहीं लगती। और अगर मन हारा हो, तो सबसे आसान रास्ता भी कठिन लगता है।

इस पुस्तक में जो विचार, कहानियाँ और अनुभव साझा किए गए हैं—वे किसी एक व्यक्ति की नहीं, **हम सभी की कहानी** हैं। क्योंकि डर, असफलता, आत्म-संशय और ख्वाहिशें— इनसे कोई अछूता नहीं।

यदि आपने इस किताब से यह समझ लिया है कि हार अंतिम नहीं है, कि डर को देखा जा सकता है, और कि **हर दिन एक नई शुरुआत का अवसर है**—तो समझिए कि आपने केवल एक किताब नहीं पढ़ी, बल्कि एक नया नजरिया अपना लिया है।

अब जब आप इस पन्ने पर हैं, तो मैं बस एक बात कहूँगा—

जो सीखा है, उसे जीना शुरू कीजिए।

हर दिन अपने मन से संवाद कीजिए।

हर डर को छोटे कदमों से चुनौती दीजिए।

हर ख्वाहिश को थोड़ा-थोड़ा जीते जाइए।

क्योंकि...

"जीतना ज़रूरी नहीं होता,

चलते रहना ज़रूरी होता है।

और जब मन कहे 'रुक जा',

तभी सबसे ज़रूरी होता है—कहना 'मैं फिर चलूँगा।'"

आपका मन आपकी सबसे बड़ी ताक़त है।

उसे आवाज़ दीजिए—और देखिए, ज़िंदगी कैसे बदलती है।

सप्रेम,

धीरेंद्र सिंह बिष्ट

लेखक – मन की हार, ज़िंदगी की जीत

लेखक परिचय

धीरेंद्र सिंह बिष्ट का जन्म उत्तराखंड के नैनीताल ज़िले के छोटे-से कस्बे बिंदुखत्ता में हुआ। एक साधारण पृष्ठभूमि से आने वाले धीरेंद्र ने ज़िंदगी को बहुत करीब से देखा, समझा और जिया। उन्हीं अनुभवों को उन्होंने अपनी लेखनी के माध्यम से पाठकों तक पहुँचाया—सच्चाई, संवेदना और आत्म-प्रेरणा के साथ।

धीरेंद्र सिंह बिष्ट एक संवेदनशील लेखक, प्रेरक वक्ता और जीवनदर्शी विचारक हैं। उनका मानना है कि जीवन की सबसे बड़ी लड़ाइयाँ बाहर नहीं, हमारे मन के भीतर लड़ी जाती हैं।

उनकी किताबें उसी भीतरी यात्रा की आवाज़ हैं—जहाँ हर पाठक को खुद से मिलने का अवसर मिलता है।

उनकी पहली पुस्तक "अग्निपथ – हर मोड़ एक कहानी" को पाठकों ने अत्यधिक सराहा।

"मन की हार, ज़िंदगी की जीत" उनकी दूसरी प्रकाशित पुस्तक है, जो आत्म-संवाद, हौसले और प्रयास की शक्ति को उजागर करती है। इसके अलावा, वह Kaathgodam Ki Garmiyaan और अन्य प्रेरक पुस्तकों के लेखक हैं।

धीरेंद्र ने कुमाऊँ विश्वविद्यालय, नैनीताल से स्नातक किया है और वर्तमान में एक बहुराष्ट्रीय कंपनी में कार्यरत हैं। तकनीकी और कॉर्पोरेट जगत से जुड़े होने के बावजूद उनका मन आज भी कहानियों, विचारों और आत्मिक गहराइयों में रमण करता है।

उनकी लेखनी में वो सादगी है जो सीधे दिल तक पहुँचती है, और वो गहराई है जो पाठक को खुद के भीतर झाँकने पर मजबूर कर देती है।

उनकी रचनाएँ उन सभी के लिए हैं—

जो थक गए हैं पर रुके नहीं,

जो डरे हैं पर लड़े हैं,

और जो जानते हैं कि जीतने के लिए पहले मन से हारना बंद करना होगा।

संपर्क:

ईमेल: dhirendra342@gmail.com

प्रकाशक: www.notionpress.com